Gli otto fratelli

Association du Vrai Cœur

Gli otto fratelli

Bilingual Italian- English edition

ISBN : 978-0-244-66258-5

Otto fratelli sotto lo stesso tetto,

uno di loro è intelligente,

un altro abbastanza tonto

*Cinque degli otto fratelli vendono
davanti a casa
e l'ultimo osserva tutto attentamente*

Chi sono?

In effetti "Otto fratelli sotto lo stesso tetto"

indica la stessa e unica persona

E' strano, vero?

«Sotto lo stesso tetto»

vuol dire che vivono nella stessa casa

Puoi indovinare qual è questa casa ?

E sì, è il tuo corpo!

I «fratelli» (avremmo potuto chiamarli «le sorelle»!) sono parti diverse che noi chiamiamo coscienze.

Queste otto coscienze lavorano in un modo che non immagini.

L'insieme delle coscienze noi le chiamiamo spirito.

Ognuno di noi dipende da queste otto forme di coscienza per condurre una vita normale. Lo spirito può quindi essere composto da otto parti, gli otto fratelli.

Le otto forme di coscienza lavorano sempre all'unisono come una compagnia di danza navigata dove ognuno assolve alle proprie funzioni.

Scopriamo chi sono questi otto fratelli.

I primi cinque che commerciano davanti a casa
sono

la coscienza dell'occhio,

la coscienza dell'orecchio,

la coscienza del naso,

la coscienza della lingua,

la coscienza del corpo

Sono i nostri sensi :

vista, udito, odorato, gusto e tatto,

che interagiscono con il mondo esterno come api
laboriose che ci forniscono senza sosta le
informazioni del mondo che ci circonda finchè
siamo svegli.

Colui che comprende e analizza ogni informazione fornita dai cinque fratelli è il sesto fratello, la coscienza mentale.

Egli osserva da vicino soppesa e considera tutto ciò che fanno

I primi cinque fratelli come un gestore puntiglioso o un commerciante accorto.

Noi pensiamo che quello sia il nostro spirito

Giorno dopo giorno la coscienza mentale ci dice che è lei il nostro vero, ultimo io.

Ma se lei era veramente agli ordini, perchè subisce la sofferenza della nascita, della malattia, della vecchiaia e della morte e ancora e ancora mentre noi attraversiamo le nostre vite una dopo l'altra?

Non dovrebbe essere capace di mettere fine a tutto ciò e liberarsi di tutte le difficoltà e i fastidi ?

Ma lei non può.

La coscienza mentale è incostante, può amare e detestare la stessa cosa in alcuni secondi di intervallo.

Lei si annoia facilmente e ama trovare qualcosa per divertirsi.

La coscienza mentale sparisce durante un sonno senza sogni. Quindi è evidente che non è eterna e imperitura.

Alcune persone dicono che la coscienza mentale ci seguirà nelle nostre vite future.

Esse la confondono con il vero io e vogliono credere che questo « io conoscendo se stesso » esisterà sempre, ma non è così.

Gli ultimi due degli otto fratelli gestiscono le cose dietro le scene e noi li ignoriamo completamente.

Il primo dei due, il settimo fratello, è chiamato "manas" o settima coscienza.

E' molto rapido e reattivo.

Come un maggiordomo molto competente, si occupa di tutto nella casa e prende decisioni ogni volta che si renda necessario, restando invisibile.

L'altro dei fratelli invisibili, l'ottavo fratello, è chiamato l'essenza di Buddha.

Il suo nome ufficiale è

« tathāgatagarbha».

(Cerca di pronunciarlo!)

Talvolta è chiamato «l'ottava coscienza» o «la coscienza fondamentale».

L'ottavo fratello sembra lento e che non reagisca, ma la sua importanza è fondamentale.

Ne parliamo ancora fra un attimo.

Giorno dopo giorno, è il manas – il settimo fratello - che decide in che momento chiudere il negozio e dire ai suoi primi fratelli di chiudere tutte le porte e di cessare di ricevere invitati affinchè possiamo dormire.

Tuttavia né il settimo fratello, né l'ottavo riposano dopo che noi ci siamo addormentati.

In realtà non fanno mai una pausa – MAI.

Siccome è sempre sveglio, il manas è quello che prende la decisione finale a proposito di tutto ciò che facciamo.

Per esempio, quando una persona è profondamente addormentata, se il suo manas sente nell'ambiente un cambiamento notevole, risveglierà subito il sesto fratello – la coscienza mentale - per scoprire ciò che succede.

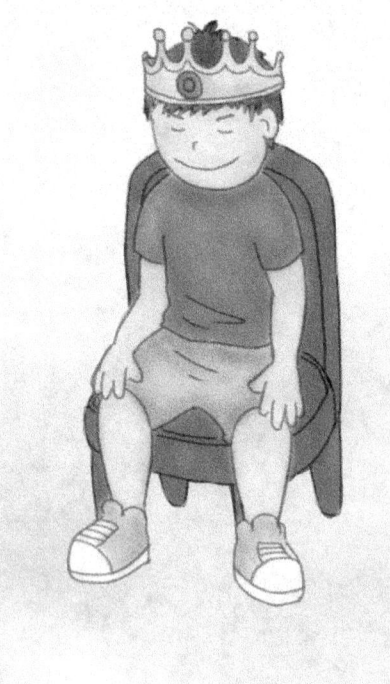

Egli crede anche di essere il vero io.

Tuttavia il solo fra gli otto fratelli che vive in eterno e che non è toccato dalla vecchiaia, dalla morte o da qualche sofferenza, è l'ottavo fratello, l'essenza di Buddha

(il **tathāgatagarbha**).

Come l'aria che noi respiriamo, l'essenza di Buddha non ha forma ed è invisibile, ma tuttavia è il cuore della nostra esistenza.

Benchè il manas non sia il vero io di un essere, fa una cosa molto importante.

Quando il corpo di qualcuno è inutilizzabile, decide di andare in un altro corpo.

Siccome il manas crede che l'essenza di Buddha faccia parte di se stesso, la trascina con lui attraverso le diverse vite e i diversi corpi.

Mentre il manas trascina l'essenza di Buddha con lui in diverse reincarnazioni, i primi cinque fratelli -La coscienza e i sensi- sono incapaci di seguirli.

Come tutti sappiamo, il defunto non ha sensazioni e percezioni, ciò significa che la nostra coscienza mentale, Il sesto fratello,si ferma davanti alla morte e non entra nella prossima vita.

Finchè noi siamo in vita, l'essenza di Buddha registra tutto ciò che facciamo in ogni vita simile alla scatola nera di un aereo che registra tutte le comunicazioni.

Applicando la legge causa/effetto, la legge del Karma al nostro comportamento, l'essenza del Bouddha permette la creazione di un nuovo corpo d'animale, di umano, di un essere celeste o di una qualunque altra forma che noi meritiamo in rapporto a ciò che abbiamo fatto nella nostra vita anteriore.

Evidentemente le «registrazioni» che l'essenza del Buddha di ogni persona contiene, sono uniche e proprie di questa persona, visto che non esistono due esseri che abbiano fatto esattamente la stessa cosa o che abbiano avuto esattamente le stesse esperienze.

Ricorda che perfino i gemelli identici fisicamente non hanno identiche personalità.

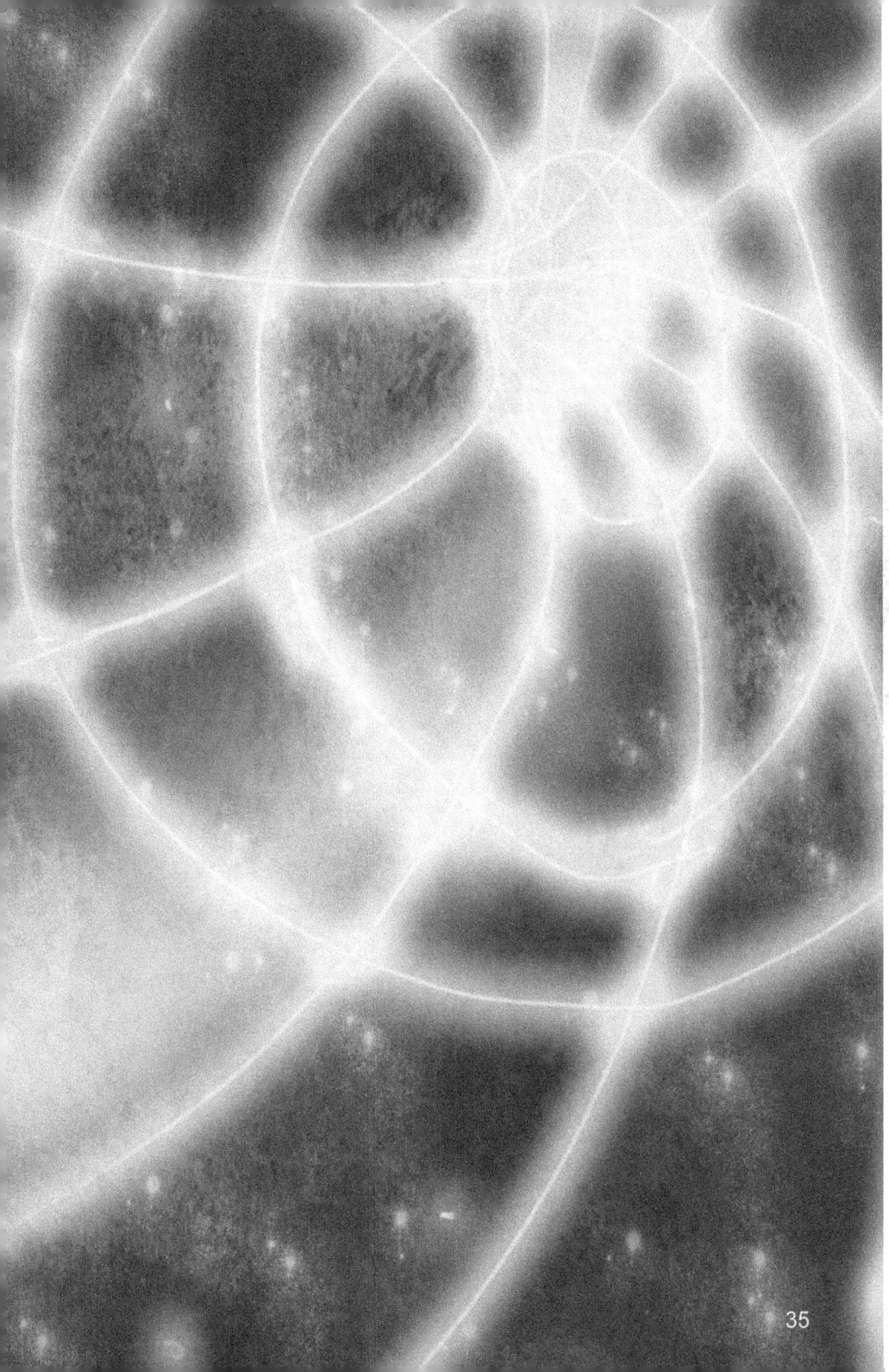

Ecco perchè certe persone mostrano dei talenti particolari, talvolta quando sono ancora molto giovani.

All'età di dieci anni il celebre poeta cinese Li Bai scriveva già poesie bellissime.

Il grande compositore europeo Beethoven faceva dei concerti a Cologna , Germania, quando aveva solo otto anni.

Si sono mostrati così brillanti perchè i grani dei loro talenti erano stoccati nelle loro essenze di Buddha durante le loro vite anteriori e si sono manifestate in questa vita.

Sono degli esempi di ottime cose riportate da vite anteriori.

Non soltanto tutti gli esseri sensibili

-       umani, animali, uccelli,

-       insetti...

sono creati dalle loro stesse essenze di Buddha, ma tutti gli oggetti fisici

-       galassie, pianeti, montagne, e fiumi -

Sono creati dal lavoro collettivo delle essenze di Buddha di tutti gli esseri sensibili che condividono lo stesso Karma.

L'essenza di Buddha è, in effetti, il mago più straordinario che esista, ma è invisibile.

E' il nostro vero io.

L'essenza stessa di Buddha non è cambiata.

Dalle registrazioni del Karma.

Come una tazza che può contenere bevande diverse, questa essenza resta sempre la stessa indipendentemente dal suo contenuto, dopo la vita.

Il Buddha è qualcuno che conosce tutto il sapere stoccato nella sua essenza, che ha perfezionato i meriti e le virtù e che possiede la capacità di utilizzare tuute le funzioni che l'essenza del Buddha può offrire.

Ma visto che l'essenza del Buddha non ha forma, Come possiamo trovarla ?

Infatti i nostri occhi non possono vedere i microrganismi perchè sono piccolissimi o certe galassie perchè sono molto lontane.

Noi abbiamo bisogno di utilizzare dei microscopi e dei telescopi.

Allo stesso modo, per " vedere" l'essenza del Buddha.

Noi abbiamo bisogno di un attrezzo speciale: "l'occhio di saggezza".

Come possiamo scoprire e utilizzare il nostro occhio di saggezza ?

Nella vita quotidiana dobbiamo trattare gli altri con gentilezza e rispetto, coltivare la nostra tolleranza e la nostra compassione, rispettare i Tre Gioielli e avere fede nell'insegnamento di Bouddha.

Se sei capace di fare tutto ciò regolarmente, Il tuo occhio di saggezza si risveglierà presto.

Coltivando l'insegnamento di Buddha con zelo, il tuo occhio di saggezza si aprirà nel momento che tutte le condizioni saranno riunite e tu sarai capace di « vedere » l'essenza di Buddha, il mago invisibile in te.

Ti puoi domandare perchè noi dovremmo vedere il mago invisibile.

Non è sufficiente essere un bravo bambino?

Essere un bravo bambino è certamente una buona cosa.

Ma anche un bravo bambino ha ogni sorta di registrazione delle sue vite passate stoccate nella sua essenza del Buddha, ciò che avrà come risultato un ciclo interminabile di nascita, di vita e di morte, secondo il tuo Karma.

Immagina di essere incastrato in una grande ruota incontrollabile che non può essere fermata e che ti fa attraversare ambienti diversi.

Può rivelarsi facile essere una persona virtuosa in una vita, ma è possibile fare ciò che è giusto per miliardi di vite in circostanze diverse?

E' sufficiente una cattiva frequentazione o un errore e dovrai vivere con le conseguenze dolorose del tuo errore per molto molto tempo.

In questo caso sarebbe ancora semplice essere un bravo bambino ?

Ciò che spinge senza sosta questa grande ruota e la mette perpetuamente in marcia è la credenza erronea della coscienza mentale e del manas che sono veramente l'io eterno.

Essi credono che essere qualcuno dabbene possa arrestare la potente forza del Karma che è il motore di questa grande ruota.

Ma bisogna cercare l'essenza di Buddha perchè essa è la sola mente che esiste sempre e resta immutata.

Imparando il vero insegnamento di Buddha, noi possiamo cambiare i Karma immagazzinati nell'essenza di Buddha correggendo e purificando i nostri manas dagli effetti delle brutte cose fatte.

Cambiando i buoni e I cattivi Karma

Nella scatola nera dell'essenza di Buddha con la forza dei nostri voti e delle nostre idee pure. La grande ruota comincia a funzionare correttamente e sarà sotto il nostro controllo.

Una volta fatto ciò noi potremo, avanzare verso la buddeità.

45

Ognuno di noi ha il potenziale per diventare un buddha.

Più precisamente, ogni essere sensibile può diventare un buddha.

Noi siamo uguali per ciò che concerne la nostra possibilità di raggiungere il livello di Buddha.

Quando noi diventeremo un buddha

- come il Buddha Shakyamuni, il Bouddha Amitabha

- e tutti gli altri-

acquisiremo una saggezza omniscente

Essendo un Buddha noi avremo il potere di scegliere dove e sotto quale forma reincarnarci, in modo che potremo insegnare a tutti e ovunque come liberarsi dal ciclo incontrollato della reincarnazione.

Un Buddha è onniscente e conosce tutto dell'universo e del pianeta su cui noi viviamo e anche sa tutto ciò che abbiamo fatto durante le nostre innumerevoli vite.

Come sappiamo, tutto ciò che facciamo è registrato, nell'essenza di Buddha e Il Buddha ha la saggezza necessaria per accedere a questa informazione, così come tu puoi trovare un'informazione sul tuo computer.

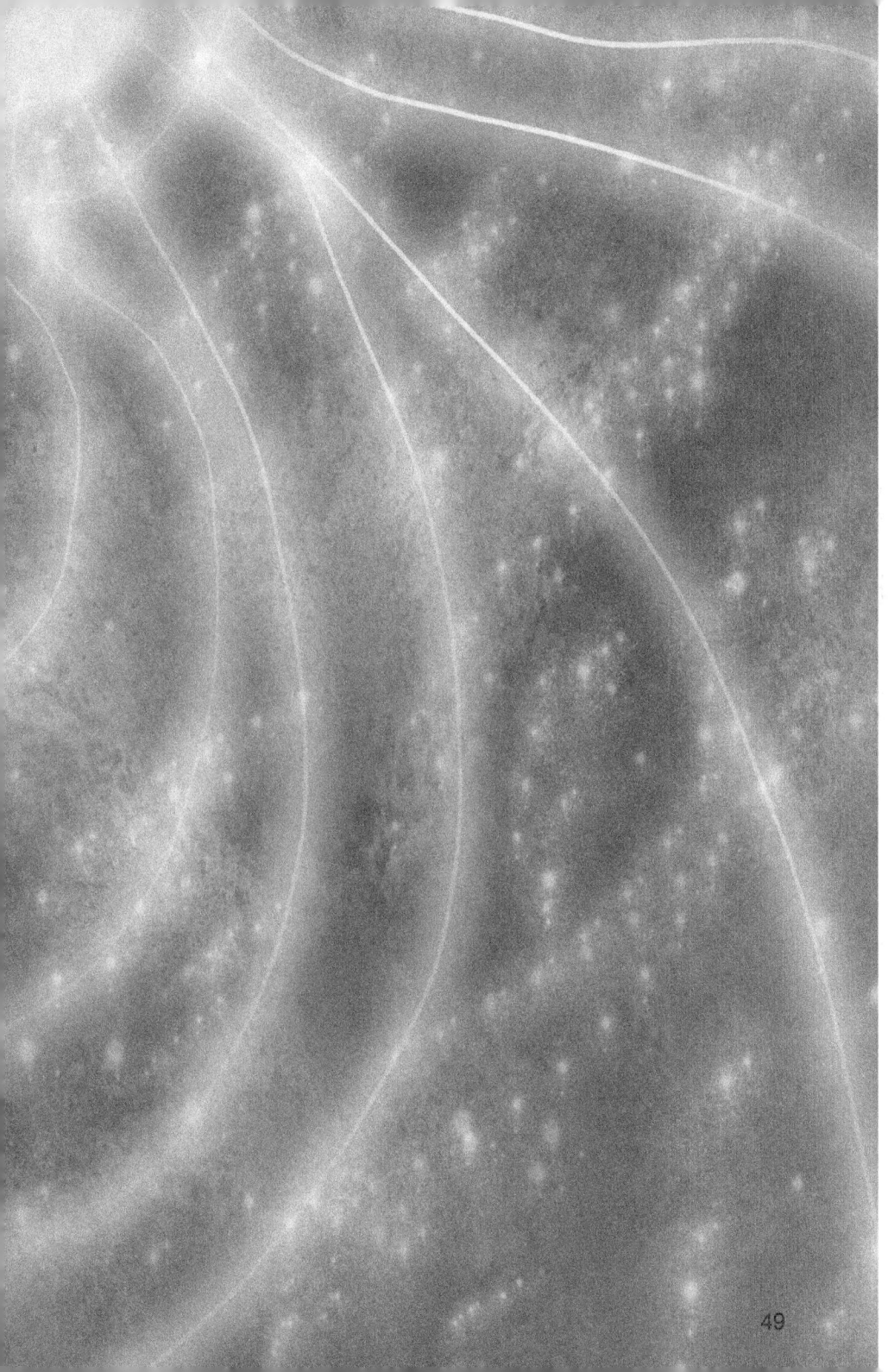

Per diventare Buddha devi perfezionare i tuoi meriti e la tua saggezza aiutare innumerevoli esseri lungo il loro cammino verso la buddeità.

Se puoi coltivare l'insegnamento del Buddha e imparare tutto a proposito delle otto coscienze in tutte le vite, sarai capace di sostituire poco a poco le cattive abitudini come l'avidità, l'egoismo, l'arroganza e l'avversione con dei grani di azioni pure.

Se continui a coltivare l'insegnamento di Buddha nel seguire il nobile cammino dei buddha, alla fine raggiungerai la buddeità.

Se continui a coltivare l'insegnamento di Buddha nel seguire il nobile cammino dei buddha, alla fine raggiungerai la buddeità.

Quando sarai diventato un Buddha, sarai capace di dare benefici a innumerevoli persone e di aiutarle a liberarsi dalla sofferenza della nascita, della malattia, dell'invecchiamento e della morte.

Potrai anche fornirli di una saggezza infinita che porta alla Vera liberazione e alla felicità ultima.

Vorresti essere capace di fare questo un giorno ?

Se vuoi veramente diventare un Buddha, puoi
fare ogni giorno il seguente voto :

*Che io ottenga i meriti e la saggezza innegabili
del Buddha, affinchè io possa aiutare tutti gli
esseri sensibili a liberarsi dalla reincarnazione
eterna.*

*Al fine di compiere ciò, io faccio sinceramente il
voto di coltivare l'insegnamento di Buddha e
imparare tutto ciò che c'è da sapere sull'essenza
di Buddha!*

The Eight Brothers

Eight brothers live under one roof
one is sharp, one is dim

five brothers do business out front
and the last one
keeps tabs on everything

Who are they?

"Eight brothers under one roof"
all add up to one person.
Sounds strange, right?

"Under one roof" means
they all live in one house.
Can you guess what the "house" is?

That's right, it's your body!

The "brothers" (we could also say sisters!)
stand for the different parts of what we call
our "Great Mind."
Your mind is much more than you realize
and that's why we call it
the Great Mind.

Every one of us relies on eight forms of
consciousness to live a normal life. So
the Great Mind can be divided into eight
parts, the eight brothers. The eight forms
of consciousness work in unison all the
time, like an experienced dance team,
who work within their own scope of duties.

Brothers One to Five "doing business out front" are the eye-consciousness, the ear-consciousness, the nose-consciousness, the tongue-consciousness, and the body-consciousness. These are our senses – sight, hearing, smell, taste, and touch – and they interact with the outside world like busy bees, constantly giving us information about the world around us when we're awake.

The one who understands and analyses all the information supplied by these five brothers is Brother Six, the mental consciousness. He keeps a close watch, weighing and considering everything the first five brothers do, like a sharp manager (or a helicopter mom!). He's what we think of as our mind.

Day to day, the mental consciousness tells us he is our real, ultimate Self. But if he were really in control, why would he let himself experience the suffering of birth, sickness, aging, and death again and again as we go through lifetimes one after the other? Shouldn't he be able to put a stop to all this and free himself from all the difficulty and discomfort? But he can't.

The mental consciousness is fickle; his likes and dislikes can flip in an instant. He gets bored easily and likes to stay entertained. The mental consciousness ceases in a dreamless sleep, so obviously it is not something eternal and imperishable.

Some people teach that the mental consciousness will go on to future lives. They mistake it for the real Self and they want to believe that this "self-knowing self" will last forever but it doesn't.

The final two of the eight brothers
manage things behind the scenes and
we are totally unaware of them.

One of them, Brother Seven, is called "manas" or the "seventh consciousness." He is very quick and responsive. Like a top-notch butler, he takes care of everything in the house and makes decisions whenever necessary while staying invisible.

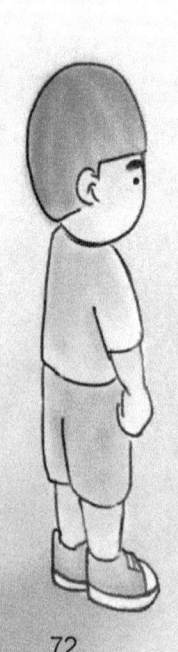

The other unseen brother, Brother Eight, is called the Buddha-Essence. His formal name is "tathāgatagarbha." (See if you can say that out loud!) Sometimes he's also called the "eighth consciousness" or the "foundational consciousness." Brother Eight seems dim and unresponsive but is extremely important. We'll talk more about him later.

Day to day, it is actually manas—Brother Seven—who decides when to close up shop and tells Brothers One to Six to close all the doors and stop receiving guests so we can fall asleep. However, neither Brother Seven nor Brother Eight rests after we fall asleep. In fact, they never take even a moment's break—EVER.

Since he is awake all the time, manas is the one who makes the final decision about everything we do. For example, when a person is sound asleep, if manas senses any noticeable change in the environment, he wakes up Brother Six—the mental consciousness—right away to find out what is going on.

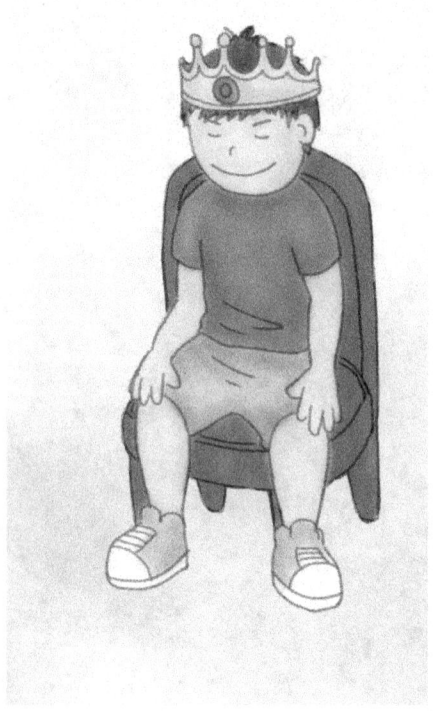

He also believes that he himself is
the real "Self."

However, among the eight brothers,
only Brother Eight, the Buddha-
Essence (the tathāgatagarbha),
lives forever and is unaffected by old
age, death, or any kind of suffering.
Like the air we breathe, the Buddha-
Essence is formless and invisible yet
it is the central core of our existence.

While manas isn't the real Self of a being, he does one very important thing. When a person's body is no longer usable, manas will decide to move to another one. Since manas believes the Buddha-Essence is part of himself, he drags it with him through many lifetimes in different bodies.

When the manas drags the Buddha-Essence along with it through endless rounds of rebirth, the first five brothers— the consciousnesses of the senses— are unable to follow them. As we all know, a dead person has no feelings and perceptions, which means that our mental consciousness, the sixth brother, also ceases at death and does not go on to the next life.

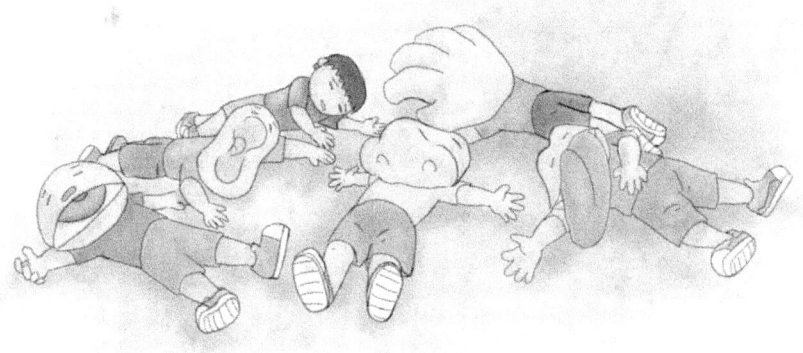

While we are alive, the Buddha-Essence keeps records of everything we do in each life, in the way a black box in an aircraft stores all the transmitted data. Applying the law of cause and effect – also called karma – to our conduct, the Buddha-Essence enables the creation of a new body of an animal, a human, a celestial being, or whatever form we deserve based on what we have done in our previous lives.

Obviously, the "records" that the Buddha-Essence of each person contains are unique to that person, since no two beings have ever done exactly the same things or had the same experiences. Think of how even identical twins are not totally alike in their personalities, hobbies, capabilities and appearances.

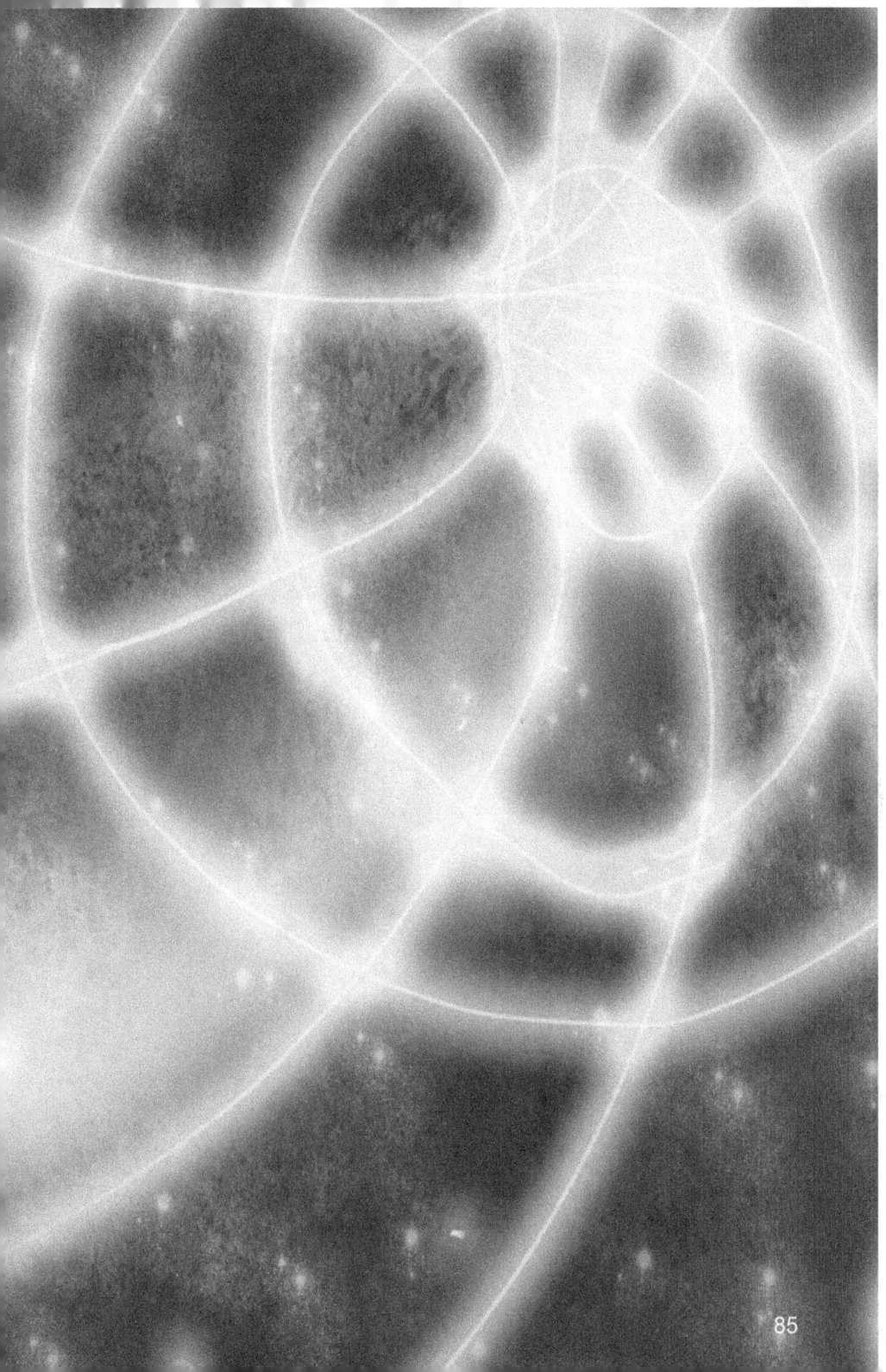

This is also why some people display
particular gifts, sometimes at very young ages.

The famous Chinese poet Li Bai was proficient in poetry at the age of ten. The great European composer Beethoven held concerts in Köln, Germany at the age of eight.

They displayed such brilliance because the seeds of their gifts had been stored in their own Buddha-Essence and brought forward from their previous lives. These are examples where very good things came from previous lives.

Not only is every sentient being—people, animals, birds, insects, etc.—created by its own Buddha-Essence, but everything in the physical world—galaxies, planets, mountains, and rivers—is created collectively by the Buddha-Essences of karmically-related sentient beings working together. The Buddha-Essence is indeed the most amazing yet invisible magician. It is our real Self.

The Buddha-Essence itself isn't changed by the karmic records. Like a cup that can hold different drinks, it's the one thing that stays the same, regardless of its contents, life after life.

A Buddha is someone omniscient of all the knowledge stored in his Buddha-Essence, has perfected the merits and virtues, and possesses the ability to utilize all the features the Buddha-Essence has to offer. But the Buddha-Essence is formless and shapeless, so how can we find it?

Think of how our eyes cannot see micro-organisms because they are very small or distant galaxies because they are very large. We need the help of microscopes and telescopes. Similarly, to "see" the Buddha-Essence, we need to have a special tool, the "eye of wisdom."

So how can we open and use our wisdom-eye? In everyday life, we should treat people with kindness and respect, cultivate tolerance and compassion within ourselves, respect the Three Jewels, and accept the Buddha's teachings with faith. If you can do all these consistently, your wisdom-eye will soon awaken. By cultivating the Buddha Dharma with diligence, your wisdom-eye will open when all the conditions are right, and you will be able to "see" the Buddha-Essence, the invisible magician in you.

You may wonder:

Why do we need to see the "invisible magician"?

Isn't it enough just to be a good kid?

Being a good kid is of course the right thing to do. But even a good kid has all kinds of records from past lives stored in the Buddha-Essence, which will result in endless rounds of birth, life, and death – your karma. Imagine yourself stuck on an uncontrollable Ferris wheel that cannot be stopped, one that brings you through many kinds of environments. It may be easy to be a virtuous person for one life, but is it possible to stick to the right course over trillions of lifetimes in different situations? All it takes is one bad friend or one slip, and you'll have to live with the painful consequences of your misconduct for a very, very long time. In that case, would it still be easy to be a good kid?

What keeps this Ferris wheel of rebirth going are the mistaken beliefs of the mental consciousness and the manas that they are the real and eternal Self. They think being a good person can halt the powerful karmic force that drives the Ferris wheel. Instead, we must seek the Buddha-Essence because it is the only mind entity that is everlasting and unchanging over time. By learning the correct Buddha Dharma, we can change the karmic forces stored in the Buddha-Essence by correcting and purifying manas from the effects of any bad things we've done. As we change the good and bad karmic forces with pure practices and enlightening insights, the Ferris wheel will begin to function properly and come under our control. When it does, we can move toward becoming a Buddha.

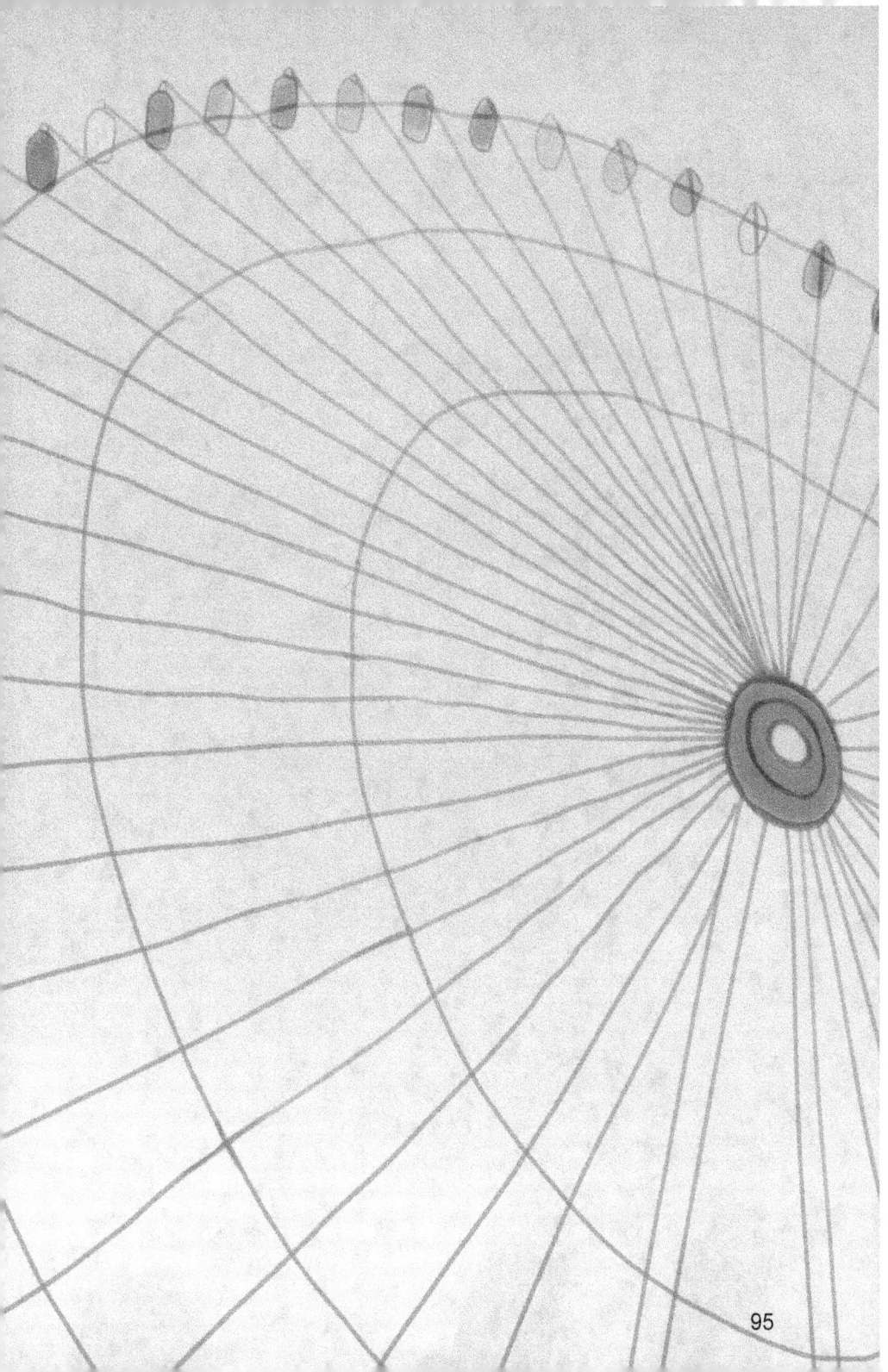

Potentially, every one of us can become a Buddha. To be more precise, any sentient being can become a Buddha. So we are all equal in terms of our chance of attaining Buddhahood. When we become a Buddha—like Buddha Shakyamuni, Buddha Amitabha, or any other Buddhas—we will acquire omniscient wisdom.

As a Buddha, we will each have the power to choose our rebirth in any world and become any kind of sentient being, so that we can teach people anywhere about the wisdom of liberation from the uncontrolled cycle of rebirth.

A Buddha is omniscient, as he knows everything about the universe and the planet we live on, as well as everything we have done over the countless lives we have lived. As we know, everything we do is recorded in the Buddha-Essence and a Buddha has the wisdom to access the information stored in it, like you can find the information on your computer.

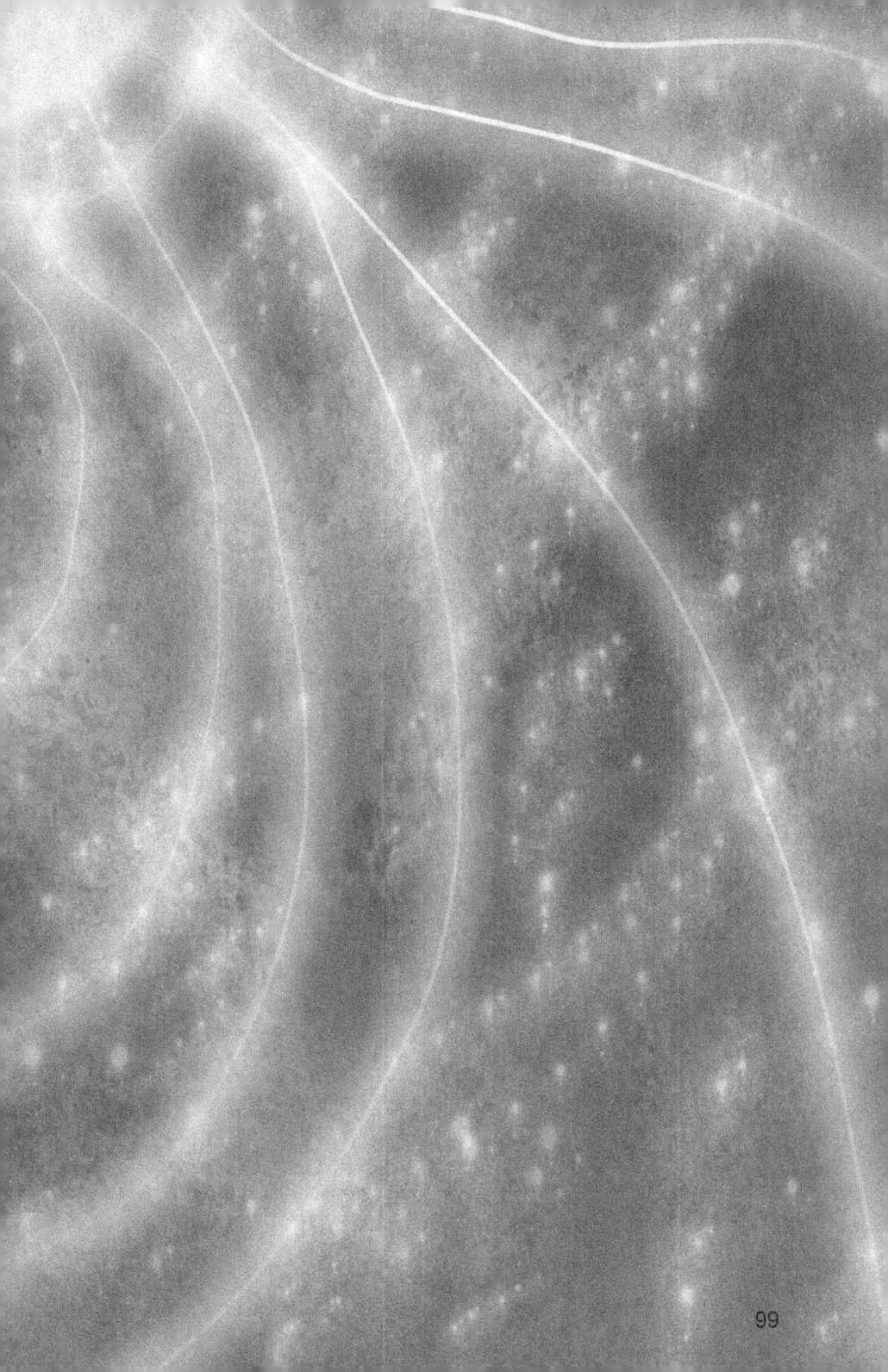

To become a Buddha you have to perfect your merits and wisdom, as well as assist countless other sentient beings on their way toward Buddhahood. If you can cultivate the Buddha Dharma and learn all about the Eight Consciousnesses in each and every life you live, then you can gradually replace negative habit energy, such as craving, egoism, arrogance, and aversion, with the seeds of pure actions. As long as you continue to cultivate the Buddha Dharma and follow the noble path of bodhisattvas, you will eventually attain Buddhahood.

When you become a Buddha, you will be able to help benefit countless other people and liberate them from the suffering that comes with birth, aging, sickness, and death. As well, you can bring them never-ending wisdom that leads to true liberation and ultimate happiness. Would you want to be able to do that one day?

If you really want to become a Buddha, you can make the following vow every day:

May I acquire the unsurpassed merits and wisdom of a Buddha, so that I can help liberate all sentient beings from endless rounds of rebirth.

To achieve this, I sincerely vow to cultivate the Buddha Dharma and learn all there is to know about the Buddha-Essence.

Ce livre a été imprimé en France

Dépôt légal : Feb 2018